速いミスは、
許される。

仕事が面白くなる60の「小さな工夫」

中谷彰宏
AKIHIRO NAKATANI

ワクワクする仕事を
探しても見つからない。
ワクワクは
仕事の仕方で
創り出すものだ。

中谷彰宏

あきひろ

この本は、3人のために書きました。

❶仕事が、面白くなるようにしたい人。

❷人間関係を、よくしたい人。

❸運気を、よくしたい人。

prologue

01

仕事が速い人は、パスが速い人だ。

仕事はサッカーと同じです。

時間を増やすためには、速く走るよりも、パスを速くして、スピードを上げることです。

「時間がない」と言っている人は、ボールをいくつも抱えてしまった状態です。

実際の仕事においては、1人で何個もボールをドリブルして、あたふたしていることが多いのです。

そんな人は、パスがなかなかできません。

人にパスをポンポン渡す上司は、一見、いいかげんそうに見えます。

それはパスが速いのです。

パスが速くなると、

① **チーム全体のスピードが上がる**

② **自分自身がラクになる**

という2つのメリットがあります。


自分自身がラクになると、ボールを持っていない間に、次に来たボールの送り先を考えることができます。

まわりも全体もよく見えるから、余裕が持てるようになり、来たボールをすぐパスできるのです。

自分がボールを抱えて「どうしよう、どうしよう」と思っていると、また次のボールが来た時に、どこへ送っていいかわからなくなります。
「どうしよう、どうしよう」という状態がさらに続きます。

常に、自分のところに来たボールを誰にパスをすればいいか考えておきます。

自分がシュートを決めるということではありません。
受けたらパス、受けたらパス、受けたらパスです。
パスをグルグルまわし合うことで、スピードアップにつながり、得点につながります。

チーム全体が動いていく、運動量の多いチームになっていくのです。
そうすることで、結果として、仕事の時間も自分自身の時間も増えていきます。

自分が今、来たボールを抱え込んでいないか、振り返ってみることが大切なのです。

仕事が面白くなる
ビジネスサプリ
01

仕事は抱え込まずに、パスしよう。

仕事が面白くなる
ビジネスサプリ

01　仕事は抱え込まずに、パスしよう。

02　会う約束は、その場で決めよう。

03　欠席の返事こそ、すぐにしよう。

04 仕事を速くすれば、ミスはリカバーできる。

05 利用するより、利用されよう。

06 近づくより、長続きしよう。

07 親切を押し付けない。

08 「速！」の気持ちを伝えよう。

09 「頼むタイミング」を考えよう。

10 掃除をすることで、アイデアを出そう。

11 反対側から、掃除してみよう。

12 教科書の逆をしてみよう。

13 お開きのサインに気づこう。

14 挨拶しない挨拶をしよう。

15 挨拶で、テンションを上げよう。

16 歩くテンポを上げよう。

17 小言を、アドバイスに替えよう。

18 手段を目的と勘違いしない。

19 注意しながらも、ほめる。

20 犯人探しをしない。

21 裏方を、ほめよう。

22 積極エラーを、ほめよう。

23 部下を最高のお客様として、サービスしよう。

30 異性の感じ方を取り入れよう。
31 言い訳より、相手を気づかおう。
32 結論より、遠回りを楽しもう。
33 「あとで埋め合わせ」という油断をしない。
34 指示には、あやふやな余地を残さない。
35 接待されるマナーを覚えよう。
36 接待される役割を演じきろう。

37 交代で休むことで、ありがたみに気づこう。

38 何を頑張るか、具体的に伝えよう。

39 問題児を、かわいがろう。

40 リーダーが、先に変わろう。

41 おほめの言葉を、共有しよう。

42 会話を買ってもらおう。

43 交渉で、仲良くなろう。

51 どちらでもいいことに、こだわろう。

52 お金より、出会いを大切にしよう。

53 2番目に大切なことを切り捨てよう。

54 何があっても、部下を守ろう。

55 部下が乗らないことは、やめよう。

56 部下の信頼をなくさない。

57 キャプテンを育てよう。

58 仕事より、立場を与えよう。

59 部下がリーダーに育つように、接しよう。

60 知識を与えるより、意識を変えよう。

目次

この本はＳＢＣラジオの
「中谷彰宏のビジネスサプリ」で
放送された話を書籍化したものです。

速いミスは、
許される。

仕事が面白くなる60の「小さな工夫」

アポイントを「今、ココでできる人」が、出会いをつかむ。

02

人に会うと、「今度ごはんでも食べに行きましょう」と、よく言われます。

その「今度」は、100万年来ないのです。

決めるのは、「今」です。

「いつがいいですか」と聞かれた時に、今、その場で決めることが大切です。

忙しい相手は、すぐ手帳を出して、「今週の金曜日の7時からいかがですか」と言いました。

ここで「手元に手帳がないので、帰ったらご連絡します」と言うと、チャンスを逃します。

あとから連絡しても、相手は外出中で連絡がつきません。

そうこうしているうちに、スケジュールが埋まってしまうのです。

少なくとも相手から提案された時は、その場で即答できるようにしておきます。

そのためには、

① **常に手帳を持っていること**

② **頭の中にスケジュールが入っていること**

が大切です。

それがなくても、とりあえず約束して、あとで「すみません。その日は予定が入っていました」と、すぐに謝ればいいのです。

自分より目上の人で、向こうから提案してもらえない時は、自分から提案します。

「今度ぜひごはんでも食べましょう」「今度会いましょう」と言われた時は、「じゃ、明日はどうですか」、「今日はいかがですか」と言う。

その場ですぐ言うことが、アポイントを決める原則です。

「後ほど調整してご連絡します」という形にしないことが大切なのです。

仕事が面白くなる
ビジネスサプリ
02

**会う約束は、
その場で決めよう。**

欠席の返事ハガキは、すぐ返すのが礼儀。

03

パーティーのお誘いがあった時、出席のハガキはすぐ出せますが、欠席のハガキはなかなか出せません。

「欠席のハガキをすぐ出すのは失礼ではないか」と考えてしまいます。

「すぐ出したら感じが悪い」というのは、自分が嫌われたくないとか、イヤな人に見られたくないという発想です。

パーティーや宴会の主催者は人数を早く把握したいので、様子見をされていると困るのです。

準備もあるし、人数によっては会場を変更しなければならなくなります。2分の1とか3分の1とか、きわめてあやふやな歩どまりでしていることが多いからです。

その日がダメとわかったら、すぐ欠席の連絡をします。
その人が感じ悪いかどうかは、そんなことでは決まりません。
もう少ししてから出そうと思っていると、すぐ直前になります。
気がついたら、締め切りが明後日に迫っていたりします。
今から出しても、届くのは当日です。
時には、会が終わってから主催者に欠席のハガキが届くこともあります。

その人は悪い人ではありません。

ただ気を使いすぎているだけです。

本当のマナーは、自分が嫌われないためにどうするかではありません。
「どうしたら相手側が助かるか」をベースに考えていくことが大切なのです。

仕事が面白くなる
ビジネスサプリ
03

欠席の返事こそ、
すぐにしよう。

速いことで、少々のミスは許される。

04

仕事のミスが許されるかどうかは、好き嫌いの問題ではありません。

仕事を速く片づけることで、ミスをしても「大丈夫、大丈夫。まだ時間あるし」と許してもらえます。

「こんなに遅れて、しかもミスってどういうことですか」という状態が、一番こじれるもとなのです。

ミスすることが問題なのではありません。

速いアクションで発生したミスなのか、遅いアクションで発生したミスなのかが、大きな分かれ目です。

速くすると、少々ミスがあっても、リカバリーのチャンスが与えられます。

うまくできれば、「速くて、しかもうまい」とほめられます。

遅くすると、きちんとできても、「もっと速くしてよ」と文句を言われます。

結局、遅くして相手の信用を得られることはないのです。


クオリティーを上げることよりも、まずは速くすることを目指します。

ミスは必ず発生します。

完璧にすることはできません。

ミスをすることを前提に考えれば、ミスをした時に迷惑を最小限にできるように、早めにしておけばいいのです。
明日までなら今日、明後日までなら明日までに、1日でも早く仕上げることです。
実際には、速い人はミスが少なくて、遅い人はなぜかミスが多いのです。

仕事が面白くなる
ビジネスサプリ
04

仕事を速くすれば、
ミスはリカバーできる。

人脈とは、自分が相手の役に立つことだ。

05

放っておいても人脈が広がっていく人は、自分が相手の役に立とうとしています。

人脈が広がらない人は、相手が自分にどういう役に立つのか、どう利用できるかということばかり考えています。

人脈は、自分を利用していただくことです。

時々、親切な人が「中谷さんは○○さんとおつきあいしていますけど、利用されていますよ」と、アドバイスしてくれます。

その人は、自分にメリットがあるのが人脈だと思っているのです。

相手にメリットがあろうが、自分にメリットがあろうが、相手の役に立てればいいのです。

自分としては、それで相手と友達になっていけます。

「相手にとって、自分はなんの役に立てるか」「どういう利用のされ方があるか」と考えれば、おのずとその人とのつきあい方が見えてきます。

相手を自分のメリットのために利用しようと考えていると、相手とのつきあい方はなかなか見えてきません。

「人脈を広げたいのに、なかなか広がらない」と言っている人は、自分のために相手を使おうと考えているからです。

その意識を変えるだけで、人脈はいくらでも広がっていくのです。

仕事が面白くなる
ビジネスサプリ
05

利用するより、
利用されよう。

06

同性とのつきあいは、距離があったほうがうまくいく。

異性とのつきあい方は、仲良くなれば近づいて、知らないうちは離れています。

異性の距離感は、きわめて明快です。

ところが、同性は難しい。

上司と部下、親友同士、師匠と弟子など、一緒に仕事をしている同性同士は、どんどん距離が近づいて、近づきすぎてしまうのです。

仲がいい時はいいですが、2人のバイオリズムが少しズレた瞬間に、決裂

してしまうのです。

「二度と顔を見たくない」という状況は、離れている人との間には起こりません。

ある一定よりも距離が近づきすぎた時に起こりがちです。

人間の出会いで一番大切なのは、いかに長くつきあえるかということです。

もちろん近いにこしたことはありませんが、私は、近いことよりも長くつきあうことを大切にしています。

特に同性の場合は、適度に距離感をキープしながらつきあうほうが長続きします。

たとえば、漫才コンビは、移動の新幹線で席を離して座り、違う列車に乗ることすらあります。

離れていることによって、仲良くしていられるのです。

微妙に近づいては離れ、離れては近づいて、相手とぶつからないようにすることが大切です。

クルマに車間距離があるように、人間にも車間距離があります。車間距離をキープすることも、愛情表現の1つなのです。

仕事が面白くなる
ビジネスサプリ
06

近づくより、
長続きしよう。

07

飲めない人に、飲むことを強制しない。

誰かと友達になろうとする時、相手に喜んでもらおうとしてしまいがちです。

親切にしようとするサービスが、かえって出会いを難しくさせるのです。

よかれと思っていることが「おせっかい」になっているのです。

たとえば、お酒を飲みに行った時に、「飲んでください、飲んでください」

と、ひたすら勧める人がいます。

お酒の好きな人は、お酒の飲み方にこだわりがあるのです。

ビールを途中からついでもらうのが苦手な人もいます。

自分のペースで楽しみながら、手酌で飲みたい人もいます。

しつこく「飲め、飲め」と言われると、次に誘った時は「今日は仕事があるので」と、断られることになります。

飲みたい人は、好きに飲んでいいのです。

飲まない人には、飲め飲めと勧めないことです。

カラオケも、歌いたい人が歌えばいいのです。

歌わない人は、自分は歌いたくないのにカラオケに来てくれて、ほかの人の歌を聞いてくれるのですから、こんないい人はいません。

「みんなが1曲ずつ歌う」という形にすると、その人は次からは来なくなります。


みんなを楽しませようとしていることが、マイナスに働くこともあるの

です。

「親切」と「おせっかい」の境目は、きわめて微妙です。

その大きな違いは、強制があるかどうかです。

楽しさの押し売りは、単なるおせっかいなのです。

仕事が面白くなる
ビジネスサプリ
07

親切を押し付けない。

08

「ワッ、速！」を相手に伝える。

人に何か仕事を頼んだ時に、

① 速くしてもらえる人

② なかなかしてもらえない人

の2通りに分かれます。

仕事の速い人からは速くしてもらえて、遅い人からは速くしてもらえない

というならわかります。

実際には、仕事の速い人からも遅い人からも速くしてもらえる人がいるの

です。

誰から頼まれるかによって、仕事をしてもらえるスピードに差が出るのです。

誰かに何かをする時、「この人は、あとまわしにしよう」とは考えていません。

でも、「この人から先にメールの返事を出そう」ということは、あります。

「あとまわしでいい」と思うような人は、結局、返事をしなくなるのです。

どうしたら「この人のメールから先に返事をしよう」と思ってもらえるかです。

朝起きて、パソコンを立ち上げて、メールチェックをする時に、メールが何十件も入っています。

一番先にメールの返事をしてもらえるには、どうしたらいいかです。

件数が多くなると、返事が最初か最後かで変わってきます。

私の仲良しの社長は、「中谷先生はいつも何時に寝ているんですか。どんな深夜でも、出したメールが、即、返ってくる」と言ってくれます。

そういう人には、またすぐに返事をしたくなります。

「速くしてください」と言うよりは、「ワッ、速い。うれしい」という気持ちを相手に返すことで、もっともっと速くなっていくのです。

仕事が面白くなる
ビジネスサプリ
08

「速！」の気持ちを伝えよう。

09

お店の人が忙しい時には、頼まない。

お店で何かを頼んだ時に、なかなかしてもらえなかったり忘れられたりすることがあります。

たとえば、飛行機の中でキャビンアテンダントさんに何かを頼んだ時に、

① すぐ持ってきてもらえる人
② なかなか届かない人
③ 忘れられる人

の3通りがいます。

運がいいとか悪いとかではありません。

必ず原因があるのです。


サービス業の側にまわったことのある人にはわかります。

すぐに持ってきてもらえる人は、相手が忙しくない時に頼んでいます。

なかなか持ってきてもらえない人は、自分が頼みたい時に頼んでいます。

明らかに相手が忙しい時に頼んでいるのです。

たとえば、隣のテーブルでオーダーをとっている店員さんに、「すみません、こっちにウーロン茶1つ」と頼むのは、ありえません。

お寿司屋さんのカウンターで注文する時にも、呼吸がいります。

これが一番難しいのです。

お寿司屋の職人さんは、忙しく細かい作業をしています。

大量の注文をつくっている最中に「すみません、こっちに○○をください」と言っても、「ハイハイ」とは言いますが、忘れられます。

お寿司屋さんはメモをする世界ではありません。

どんなに熟練の職人さんでも、「すみません、なんでしたっけ」となるのです。


お寿司屋さんで愛されるお客様は、注文していいタイミングでちゃんと頼んでくれるお客様です。

お寿司屋さんは、口に出して「次、何を握りましょう」と言わなくても、「ハイ、次はあなたの番」という間《ま》を必ずつくってくれています。

いいサービスを受けるためのコツは、相手が忙しいかどうか、頼んでいい状況かどうかを見きわめることなのです。

仕事が面白くなる
ビジネスサプリ
09

「頼むタイミング」を考えよう。

掃除をすると、何をすればよいか気がつく。

10

自分がいったい何をしたいのかがよくわからなくて、目的とか目標とかを探し続けている人がいます。

こういう人の共通点は、部屋が散らかっていることです。

何か目標を持つと、部屋は片づいてきます。

「自分はこういうことをしたい」「こういう夢を実現したい」「こういう仕

事をしたい」と思うと、それに必要なものと必要でないものが明快に区別がついてくるのです。

夢を持つと、掃除をしたくなります。

片づけたくなります。

逆に考えると、掃除や片づけをすることで、自分のしたいことが見えてくるのです。

自分がしたいことが決まってから本棚の本を片づけようとするのは、逆です。

自分のしたいことに関する本は捨てないで、関係ない本は捨てるというのは、間違った発想です。

たとえば、飲食店を経営している人は、「どうしたらお客様が来るか」「どういう料理をつくるか」「どういうサービスをするか」ということを考えます。

ビラを配ったりするよりは、店の中を掃除してみると、面白いようにアイデアが浮かんできます。

流行《はや》っていないお店は、壁じゅうにメニューが貼ってあります。はがれてきたメニューをきれいにしているうちに、何がお店のウリで、自分は何をしたいのかがわかってくるのです。

どんな仕事をしている人でも、何をしたいか迷った時には、何も考えないで、まず、掃除をしてみることです。

そうすれば、自分のしたかったことにめぐり合えるのです。

仕事が面白くなる
ビジネスサプリ 10

掃除をすることで、
アイデアを出そう。

掃除をすると、違う発想が生まれる。

11

面白い人は、いろいろなことをたくさん知っている人ではありません。

同じことを、みんなと少し違う目線で見ることができる人です。

自分自身の目線も変えて見ます。

同じものを見ても、昨日と違う目線でその物事を見ることができるようになると、そのものは、鮮やかに新鮮なものとして見えてくるようになるのです。

掃除をする時には、いつもと違う目線で、その場所を眺めて見ることです。

きれいにするとか、手を動かす前に、まず目で見てみることが大切です。

あるパン屋さんは、焼きたてのおいしいパンを売っています。

ところが、レジのまわりがホコリだらけです。

そのアングルは、並んでいるお客様からはよく見えますが、お店の人は気づかないのです。

お店の人は、レジを正面から掃除します。

ホコリがつきやすいのは、レジの裏側です。

そのホコリに気づかないのは、お客様側の目線で見ていないからです。

お客様がパンを持って支払いに行った時に、レジのホコリが目につくと、せっかくのパンがおいしく見えなくなります。

掃除をするということは、ただ手を動かすことではなく、目を使うことです。

その時に、いつもと違う目線で見ると、汚れが目について、自然と掃除をしたくなります。

誰かに掃除をさせる時は、「掃除をしろ」と言うだけではなく、「いつもと違う目線で見てごらん」と言えばいいのです。

掃除をすると、必然的にいつもと違う目線になります。

床を拭いている時に、「ここもこんなに汚れていた」と気づけるのは、掃除をする過程で、いつもと違う目線になれるからなのです。

仕事が面白くなる
ビジネスサプリ
11

反対側から、
掃除してみよう。

12

気をきかせたつもりの時ほど、空気が読めていない。

空気を読むということは気をきかせることだと、つい思い込みがちです。

「気をきかせること」と「空気を読むこと」は、時によって相反することがあるのです。

たとえば、接待で、お得意様をバーに連れていきました。

普通は、背もたれのほうに接待される側のお得意様に座っていただいて、接待する側の自分はスツールに座って水割りをつくります。

これは、気をきかせています。

ただし、相手によっては、逆に空気が読めていないことになります。

たとえば、俳優の勝新太郎さんは器が大きい方なので、相手をもてなします。

勝さんはスツールに座って水割りをつくっているほうがゴキゲンなのです。

とすれば、勝さんの好きなスツールに座ってもらうことが、「空気が読める」ということです。


お客様の好きな席がスツール側だということは、その場にいた人なら事情がわかります。

ところが、あとからやってきた上司には「お得意様を下座に座らせて、おまえは何ふんぞり返っているんだ」と叱られるのです。

マナーの本にも、「上座はお客様、下座は自分」と書いてあります。

時には、教科書に書かれたことと相反することもあるのです。

自分が気をきかせていると思っている時ほど、逆に空気が読めていないことがあります。

そういう時こそ、気をつけなければならないのです。

仕事が面白くなる
ビジネスサプリ
12

教科書の逆をしてみよう。

13

「お開き」のサインに気づく。

お客様をお招きした時に主催者が一番困るのは、お開きの時間になっても、なかなか帰ってくれない人です。

「そろそろお開きにしたいので」とは、主催者はなかなか言えません。

主催者側にまわったことのある人なら、それがよくわかります。

主催者は「いつまでもゆっくりしていってください」と言わざるをえないのです。

パーティーの案内に、開始時間は書けますが、終了時間は書けません。

これに甘えて、いつまでも居続ける人がいるのです。
スタッフも早く帰りたいのです。
時には電車がなくなることもあります。
ひょっとしたら、あとに予定があることもあります。

感じのいい人は、お開きのサインをきっちり感じ取ってくれる人です。
「そろそろお開きにしましょう」と声に出せば、誰でも指示に従えます。
空気を読むことは、声にならない声を読むことです。
長居しすぎると、いいお客様にはなれないのです。

たとえば、ホスト役の人が「ワインをもう1本あけますか。それともコーヒーかお茶をご用意しましょうか」と言うのは、お開きのサインです。

「コーヒー」は「そろそろ締めにしませんか」というサインなのです。

「長居しましたので、コーヒーだけいただいて失礼します」という形が正解です。

「じゃ、ワインをもう1本」と言うのは、空気が読めていません。

ホストの人は、「そろそろコーヒーを出しましょうか」と言うだけでは感じが悪くなるので、「ワインをあけますか」と言っているだけです。

お茶やコーヒーのおかわりを勧められたら、それはお開きのサインなのです。

仕事が面白くなる
ビジネスサプリ
13

お開きのサインに気づこう。

14

「挨拶しないで」サインに、気づく。

知り合いの銀座のママさんが、お客様と同伴で歩いていました。
そういう時は、挨拶しないほうがいいのです。

マナーの本には「いつ、どこで会っても、きちんと挨拶しましょう」と書いてあります。
「今は挨拶してはいけない」と感じ取れることが、空気を読むということです。

こちらが気がついていることに、向こうも気がついています。

「今は挨拶しないでね」サインは、目くばせもなく、会釈もありません。

そんなことをすると、気づかれてしまうからです。


挨拶には、声を出す、名前を呼ぶ、会釈をする、目くばせをする、微笑《ほほえ》むなど、いろいろな種類があります。

「空気を読んで知らんぷりする」というのは、最高レベルの挨拶です。

普通、知っている人に知らんぷりするのは、逆に難しいことです。

「何でもかんでも挨拶しなければ」と思っていると、相手の「挨拶しないでね」サインに気づけなくなるのです。

仕事が面白くなる
ビジネスサプリ
14

挨拶しない挨拶をしよう。

10メートル離れたところから、挨拶をする。

15

世の中には、忙しい人とヒマな人がいるわけではありません。イキイキしている人と、心が落ち込んでいる人がいるだけです。

心にスイッチを入れるだけで元気になります。

元気がなくなると、挨拶をしなくなります。

挨拶をしなくなると、ますます元気がなくなります。

この流れを断ち切り、心にスイッチを入れたかったら、意識的にいつもより大きめの声で挨拶をすればいいのです。

この原理を使っているのが、アントニオ猪木さんです。

アントニオ猪木さんは、大きな声で「元気ですか」と言うことで、自分自身のテンションを上げて、それを力に変えています。

大きな声の挨拶は、相手を元気づけるだけではなく、自分自身のテンションが上がるのです。


挨拶の声は、放っておくと、少しずつ小さくなっていきます。

意識して大きな声を出すことが大切です。

そのためには、いつも3メートルぐらい離れたところから挨拶をしているならば、その距離をもっと長くします。

人によって、挨拶をする間合いは決まっています。

いつも3メートルの人なら5メートル、5メートルの人なら10メートルにしてみるのです。

遠くから挨拶をすると、必然的に声を遠くへ飛ばすことになります。

「気」を、もっと体の内側からが出さざるをえなくなります。

上っつらの声を出すだけでは元気になりません。

いつもより大きな声で、いつもより遠くに届くように挨拶をすることで、体の内側が目覚め始めます。

ダラーンとなっていた心にスイッチが入るのです。

仕事が面白くなる
ビジネスサプリ
15

挨拶で、
テンションを上げよう。

速足で歩くと、テンションが上がる。

16

よく「散歩は体にいい」と言われます。
ただ、散歩ならなんでもいいというわけではありません。
ダラダラした散歩をしていると、精神的にますますダラダラしていきます。

散歩は速足で歩きます。
速足で歩く散歩が、心の状態、体の状態を、よりイキイキさせていくのです。

日本人は、散歩のイメージが根本的に間違っています。

外国人の散歩は、スピードが速いのです。

「競歩かな」と思うぐらいのスピードです。

散歩をして元気が出るのは、景色や自然物からエネルギーをもらえるからだけではありません。

速足で歩くことで、元気が出るのです。

元気のない人は、トボトボ歩いています。

トボトボ歩いていると、ますます元気がなくなります。

うつむき気味で、お尻が落ちて、ヒザが曲がって、背中が曲がってくるのです。


速足で歩くと、自然と姿勢がよくなります。

姿勢がよくなることで、目線が上がって、テンションも上がります。

お昼ごはんを食べたあとのサラリーマンは、ダラーンとなって、爪楊枝《つまようじ》をくわえながらトボトボ歩いています。

あの歩き方では、午後の仕事もだるくなります。

お昼ごはんを食べたあとは、走らなくてもいいから、タッタッタッタッタッと歩いて帰ります。

元気な人は、人から「何か運動でもされているんですか」と言われます。

元気な人の共通点は、歩くのが速いことです。

タッタッタッタッというリズム感で歩いているのです。

ダラダラと歩いている高校生からは、元気が感じられません。

歩き方で、その人の精神状態のリズムが決まってくるのです。

仕事が面白くなる
ビジネスサプリ
16

歩くテンポを上げよう。

17

もうそれ以上、怒らない。

「最近の若い子たちは」と言って怒っている人がいます。
その人は、上司の責任として、部下を一生懸命、指導教育しようとしているのです。

怒ることによって、怒られた人のテンションがますます下がっていくのです。
「悪いことをしている」と思いながらする人は誰もいません。

それぞれの人たちは、精いっぱいのことをしているだけです。「なんでこれができないの」と怒られても、自分では正解のつもりなので、変えられないのです。

怒れば怒るほど、「この人は怒ってばかりで、感じが悪い」という解釈になります。

結局、怒っても通じないのです。

すべての人が、自分は正しいことをしていると信じて行動しています。

「怒る」という行為自体に、すでにムリがあるのです。

怒ることの一番のマイナスは、自分のテンションだけではなく、自分の大切な人のテンションも下げてしまうことです。

怒ったあとに、自分の仲間、友達、恋人、家族に会っても、プンプンした気分をそのまま引きずってしまいます。

怒っても仕方がないことに対して怒ると、その怒りはいつまでも消えません。

自分の大切な人たちにまで、怒りのテンションを拡散させてしまうのです。

「怒っても仕方がない」ということに、早く気づくことです。

そうしないと、自分の大切な人に元気を伝えられなくなります。

怒りたくても、それ以上怒らないことが大切なのです。

仕事が面白くなる
ビジネスサプリ
17

小言を、アドバイスに替えよう。

手段が目的になると、ブレる。

18

営業マンは、どうしても数字の結果を出そうと頑張ります。

それは上司からもお得意先からも言われるので、仕方のないことです。

数字を出すことを追い求めていくと、疲れてきて、なかなか数字も上がらないし、結果も出せなくなるのです。

数字を追い求めても、数字は逃げていきます。

その人が元気でイキイキと働いた結果として数字になるのです。

お金も同じです。

お金を求めると、お金は逃げていきます。

お客様をハッピーにしようと頑張った結果として、「お金」という形で返ってくるのです。

数字にしても、お金にしても、１つの手段にすぎません。

大切なのは、数字やお金を通して何をするかです。

たとえば、売上げを上げることで、今していることが続けられます。

それが本来の目的です。

売上げを上げることとは、お客様をハッピーにするための一手段です。

それがいつの間にか、手段が目的にすり変わっているのです。

この現象は常に起こります。

手段が目的に変わった人は、ギスギスしていきます。

「今、自分が目的にしていることは、ひょっとしたら、最初は手段だったのではないか」と気づいた人は、肩の力がすっと抜けて、またイキイキしてくるのです。

仕事が面白くなる
ビジネスサプリ
18

小言を、アドバイスに替えよう。

部下の悪口を言う上司は、自分も言われている。

19

リーダーの人によく相談されるのは、「どうしたら部下のヤル気が出るんですか」ということです。

「今はどんな感じですか」と聞くと、「なかなかヤル気を持ってくれない」とか「最近の若い者って、いったいどうなんでしょう」と言うのです。

まず、部下のことをこういうふうに言っているリーダーの言い方を変えていくことが大切です。

「部下がヤル気がない」と言うのは、部下の悪口です。

上司が部下の悪口を言うのと同じように、部下も上司の悪口を言っています。

悪口を言われて、モチベーションが上がる人はいません。

人間は、ほめられることで、より頑張るのです。

「社員のヤル気がないので、研修に来てください」と言う人は、ふだんから、よそでもそれを言っています。

どんな人間でも、いいところと悪いところがあります。

いいところが10個のうち1個しかなくてもいいのです。

「あいつは全然ダメだけど、これだけはきちんとできる」というところが、必ずあります。

その1個のいいところの話題を出すことで、悪いところもやがて直ってきます。

ほめるポイントは、仕事ができるかどうかは関係ありません。

性格や美的センスなど、仕事にかかわらないことでもいいのです。

「あいつは仕事で失敗しても、へこまないよね」というのも、言い方によっては、悪口にも、ほめ言葉にもなります。

部下にヤル気を出させるには、まず、部下の悪口を言わないようにすることが大切です。

チームも人も、あなた次第で、どんどん元気になるものなのです。

仕事が面白くなる
ビジネスサプリ
19

注意しながらも、
ほめる。

トラブルが発生した時、犯人探しをしない。

20

チームの中でトラブルが発生すると、つい犯人探しをやりがちです。

上司の第一声が「誰がしたんだ」となるのです。

「これは誰の担当?」

「誰がしたの?」

「誰が悪いの?」

「誰がお客様に接したの?」

と言うのです。

最初に「誰が」という言葉が出てきます。

ミス、トラブル、アクシデント、ハプニングが発生した時に、すぐに犯人探しをしてしまうのです。

トラブルが発生した時は、お客様に適切な対応をすることが大切です。

まず、激怒しているお客様の気持ちを、おさめてもらうのです。

次にすることは、同じトラブルを再発させないことです。

これが上司の仕事です。

犯人は、探せば探すほど隠れます。

「誰がしたの?」と言うと、「私は知りません」と言って、「自分は関係ない」という形になるのです。

ミスの原因は個々人にはありません。

AさんとBさんのどちらが悪いか、2人から話を聞こうとすると、どちらも「私は知らない」と答えます。

トラブルの原因は、AさんとBさんの間にあります。

連絡用のノートがどこかにいってしまったということです。

Aさんが悪いのでも、Bさんが悪いのでもないのです。


どんなに人数の少ないチームでも、犯人探しをすると、犯人は隠れ始めます。

自分が責任を背負わないために、結果、何もしないということになります。

これで、余計トラブルが起こりやすくなります。

野球で言うと、自分のエラーにならないように、できるだけボールを捕りにいかなくなるという状態です。


犯人探しをすることで、ますますミスが発生して、ますますモチベーションが下がってしまうのです。

仕事が面白くなる
ビジネスサプリ
20

犯人探しをしない。

21

「目立たない仕事」を評価する。

会社には「花形職場」と「花形でない職場」があります。
花形職場の社員は、一生懸命頑張っています。
花形でない職場は、ヤル気が上がらず、辞《や》めたりサボったりします。
どんなチームでも、花形の仕事と花形をバックアップする仕事の２つがあります。
誰でも花形の仕事をしたいのです。
裏方が好きな人も中にはいますが、そんなにたくさんいるわけではありません。

全員のモチベーションをアップするために、リーダーが必要になります。

全部が花形職場なら、リーダーはいりません。

裏方の仕事をしている人たちのヤル気を上げるのがリーダーの仕事です。

目立たない、地味な、誰がしているのかわからないような仕事をしている人に、きちんとヤル気を起こさせることが大切です。

ともすれば、目立つ仕事をしている人間ばかりを評価してしまいがちです。

たとえば、セールスで月に何台売った、棒グラフでトップ、くす玉を割る、褒賞《ほうしょう》が出るという形で、「みんなも○○君を見習え」と言われます。

実際は、裏方さんがいて、花形の仕事は成り立つのです。

売上げがトップなのは、誰が見てもわかります。

それを評価するのはリーダーの仕事ではありません。

売上げトップを支えた裏方さんの目立たない地味な仕事、細かい仕事、日の当たらない仕事を評価するのが、リーダーの仕事です。

目立つ仕事をしている人だけを評価すると、目立たない仕事をしている人は「オレたちは見てもらっていない」と思って、モチベーションが下がります。

目立たない人の仕事を評価することによって、目立つ仕事をしている人のモチベーションも上がっていくのです。

仕事が面白くなる
ビジネスサプリ
21

裏方を、ほめよう。

「しないほうが勝ち」のチームに、しない。

22

「うちの部下は、言ったことはするけど、言わないことはまったくしない」と嘆いているリーダーは多いのです。

「最近の若者はみんな、言ったことはきちんとするけど、言わないことはしない」と言って逃げているようでは、リーダーとしては失格です。

なぜ、言ったことはするけど、言わないことはしないのか、考えてみてください。

部下の行動パターンは、すべてリーダーの行動パターンです。

原因をつくっているのは、リーダーです。

部下はリーダーを学習して、マネをしているのです。

仕事で何かにトライすると、成功率は50％、リスクも50％です。

新しいチャレンジであればあるほど、お客様に喜んでいただける成功の確率は100％にはならないのです。

成功率50％で失敗した時に、リーダーに「何してんだ」と怒られると、その人は、次から何もしなくなります。

成功したこと、トライしたことをほめられるのではなく、ミスをたたかれるという形になると、そのチームは減点法のチームになります。

そんな中で、みんなからほめられて出世するのは、ミスのない人です。

ミスをとがめられると「しないほうが勝ち」のチームになっていくのです。

「しないほうが勝ち」の空気をつくり出しているのは、部下ではなく、リーダーです。

「部下が言われたことしかしない」と文句を言う前に、まずはリーダーが反省したほうがいいのです。

仕事が面白くなる
ビジネスサプリ
22

積極エラーを、ほめよう。

23

お客様にサービスするように、スタッフにサービスする。

スタッフに「お客様にもっとサービスをするように」と言うリーダーは、自分はスタッフにサービスしていない人が多いのです。

お客様にサービスすることの大切さはわかっていますが、スタッフにサービスすることを忘れているのです。

会社で言えば、上司が部下にどれだけサービスできるかです。

上司がお客様にサービスするのは、部下も見ています。

お客様と同じように、自分たち部下にもサービスしてくれる上司はカッコいいのです。

上司が部下にサービスすると、部下はお客様にサービスするようになります。

「サービスしろ」と言っても、部下に何もサービスしない上司の下では、お客様へのサービスにあまり気乗りがしなくなるのです。

上司が部下にしたサービスは、結果としてお客様に伝わります。

それが会社の売上げにつながります。

いい循環が生まれるのです。

上司がお客様を接待するのは、当たり前です。

部下から見て「あの上司はカッコいいな」と思うのは、部下に対しても、お客様以上にサービスができる上司です。

サービスされた部下は上司にサービスを返します。

お客様にもサービスするようになります。

もっとお客様にサービスをしてほしいと思うなら、まず自分が部下にサービスすればいいのです。

仕事が面白くなる
ビジネスサプリ
23

部下を最高のお客様として、サービスしよう。

買ってもらう前より、買ってもらったあとにサービスする。

24

部下から見てカッコいい上司は、お客様から見てもカッコいいのです。

お客様から見てカッコいい人は、部下から見てもカッコいいのです。「お客様から見てカッコいい」と「部下から見てカッコいい」が別々ということはないのです。

お客様から見てカッコいい人は、どういう人かということです。たとえば、契約をとるまでは一生懸命です。

契約をとってからあとは、急に冷たくなる人は、カッコよくないのです。

セールスマンは誰でも、お客様に買ってもらうまでは一生懸命です。

買ってもらったあとに手抜きが生まれます。

釣るまでは頑張っても、釣った魚にエサをやらないということです。

その落差があると、カッコ悪いのです。

カッコいい人は、お客様にいつ買ってもらったかわからないぐらい、買ってもらうまでと買ってもらったあとの差がないのです。

境目が見えないようにすることが大切です。

買ってもらうまではたくさんサービスをして、買ってもらったあとはサービスが減るとなると、段差が生まれます。

高い仕事は一生懸命して、安い仕事は手を抜くというのも、段差です。

その人が一生懸命している仕事が儲かるのか儲からないのか、まわりから見てまったくわからないのがカッコいいのです。

壁紙でもなんでも、継ぎ目が見えるのはオシャレではありません。

メリットがあるかないかは関係なしに、常にシームレスでいることです。

お客様に買ってもらう前よりも、買ってもらったあとに一生懸命フォローしている人が、よりカッコいいのです。

仕事が面白くなる
ビジネスサプリ 24

**買ってもらったあとに、
それまで以上にサービスしよう。**

7時の待ち合わせに遅れる連絡を、7時にしない。

25

スピードの速い人は、自分自身が速いだけではありません。

まわりの人の時間も大切にすることができるのです。

自分の時間は大切だけど、他人の時間を犠牲にする人は、スピードがどんどん遅くなっていきます。

そういう人は、朝からいくつも会議があると、雪崩《なだれ》現象で遅れていきます。

自分は会議で忙しい人間だから、次の人たちを待たせても仕方がないと開き直るから、その人の時間はどんどん遅くなっていくのです。

本当に速い人は、他人を待たせません。

私が締め切りを守るのは、そうしないと自分自身がしんどくなるからだけではありません。

仕事は締め切りで終わりではないのです。

私の原稿が締め切りに間に合わないと、編集者、印刷会社の人、書店さんなど、あとあとの人たちに迷惑をかけてしまいます。

締め切りを守ることによって、まわりの人たちの時間を大切にできます。

そうすることで、自分自身の時間もキープできるのです。


待ち合わせで、やむをえない理由で遅れることがあります。

たとえば、7時の待ち合わせなのに、7時に「すみません、ちょっと遅れます」という電話をかけてくる人がいます。

自分としては、遅れる連絡をしているので、いいことをしているつもりです。

実際は、相手の時間を奪っています。

相手は、7時に会うつもりで会社を出ています。

遅れる連絡は、少なくとも相手が会社を出る前にすることです。

会社を出る前に「30分遅れる」という連絡がくれば、会社を出る時間を30分遅らせて、その分、会社で仕事ができるのです。

7時の待ち合わせで遅れる連絡を7時にするのは、平気で人の時間を奪っています。

そのことに早く気づくことが大切なのです。

仕事が面白くなる
ビジネスサプリ
25

遅れる連絡は、早くしよう。

怒りながら仕事をすると、遅くなる。

26

仕事の内容はスピードアップすることで、充実します。

速さと質は両立します。

その仕事に習熟していることよりも、スピードに影響を与えているのは精神状態です。

好きなことをしている時は、テキパキいろいろなことができます。

朝も早く目が覚めて、目覚まし時計なしで起きることができます。

好きだから、ニコニコしながら、こなしています。

気持ちがハッピーな状態でしている時は、物事は速く進みます。

なんでこれが速くできないんだろうとイライラする時は、怒りながらしている時なのです。


同じ仕事でも、イヤなことがあってムッとしながらすると、スピードはどんどん遅くなります。

好きなことを怒りながらすることはありません。

残業がなかなか終わらないのは、ムッとしながら仕事をしているからです。

残業は、今日、約束があって、今まさに帰ろうとカバンを片づけていた時に限って頼まれます。

今日残る態勢でいる人は頼まれません。

これがお約束です。

たとえば配達の仕事も、怒りながらするとスピードが落ちます。

「スピードが落ちる」→「時間がかかる」→「あせる」→「イライラする」
→「ますますムッとする」という悪循環に陥るのです。
仕事は自分の好きなことばかりではありません。

たとえ不本意な仕事でも怒りながらしないことが、仕事をスピードアップするコツなのです。

仕事が面白くなる
ビジネスサプリ
26

ニコニコすることで、スピードを上げよう。

27

「誰のために」を、まず考える。

プレゼントを何にしようかと考えることも、アイデアを考えるということです。

「プレゼントをしようと思うんですけど、どういうプレゼントをしたら相手に喜んでもらえますか」という質問があります。

この発想は、プレゼントをする発想から大切な何かが抜け落ちているのです。

誰にでも喜ばれるプレゼントは、プレゼントとしてはB級です。

Aさんが本当に喜んでくれるプレゼントは、Aさんだけに喜んでもらえるプレゼントです。

BさんやCさんを喜ばせなくてもいいのです。


アイデアを考える時は、まず、「誰のために」を考えることが大切です。

私がラジオ番組で話す時も、「誰のために」話しているかが見えていないと、ひとり言を言っているのと同じです。

プレゼントは、「誰のために」が見えていることで、その人に喜んでもらえるモノは何かということを考えられるのです。

「OLの人はどんなモノを喜びますか」

「女性はどんなモノを喜びますか」

「彼にプレゼントしたいんですけど、何をあげればいいでしょう」

という質問は、一般論です。

そこには「誰のために」が抜け落ちています。

その「誰」には必ず名前があり、趣味や好きなモノがあります。

そこで初めてプレゼントが成り立ちます。

「誰のために」を考えずに、先にプレゼントを買っておくことはできません。

アイデアに行き詰まったら、いったん「誰のために」というところに立ち戻って考えることが大切なのです。

仕事が面白くなるビジネスサプリ 27

まず「誰のために」を考えよう。

28

他人のアイデアを、ボツにしない。

みんなでアイデア出しをする時にはコツがあります。

他人がアイデアを出すと、「それはどうかね」と言って、アイデアをつぶしてしまう人がいます。

他人から面白いアイデアが出ると悔しいのです。

アイデアは自分から出るとうれしいのですが、他人から出るとあまり愉快なことではないのです。

他人のアイデアは面白いと悔しいのが、人情です。

欠点をあげつらうとか、ねたみ・そねみではないのですが、なんとなくそのアイデアの穴をつついてしまいがちです。

自分がアイデアを出すために、自分のアイデアの扉を開くためには、人のアイデアをけなさないことが大切なのです。

どんなにくだらないアイデアをまわりの人が言おうが、それを面白がる。そうすることで、自分からもアイデアがどんどん湧き出てきます。

大切なのは、他人が面白いアイデアを出すかどうかではありません。

自分自身のアイドリングが高まって、アイデアのふたが開き、アイデアの井戸から次々とアイデアが湧いてくることです。

アイデアをけなされると、次のアイデアは出なくなります。

「またけなされるんじゃないか」と心配になるからです。

「くだらなくていいね」と言われると、アイデアはまた出てきます。

「くだらなくていいね」と言った人からも、不思議とアイデアが出てくるようになります。

1人でアイデア出しをする時も、自分に「これはくだらないかな」とツッコむとアイデアは出なくなります。

最初から「けっこう面白いじゃん」と面白がる態勢でいると、アイデアは次から次へと湧いてくるのです。

仕事が面白くなる
ビジネスサプリ 28

他人のくだらないアイデアを面白がろう。

お客様より先に飽きる。

29

「私は飽きっぽいので、アイデアを考えるとかそういう根気のいる仕事はなかなかできないんです」と言う人が時々います。

これは逆です。

飽きっぽい人のほうが、アイデアを思いつく特性があるのです。

たとえば、サービスをしている側の人は、今、ウケているサービス、ウケている商品、ウケている企画に、なかなか飽きません。

その成功が永遠に続くように思うのです。

お客様は、どんなに楽しいこと、どんなにおいしいモノでも、同じものを続けていると飽きがきます。


アイデアは、お客様より先に飽きることから生まれます。

たとえば、今年あげたプレゼントがウケました。

来年も同じプレゼントをあげると、「これ、去年ももらったんですけど」と言われます。

アイデアは、去年と同じプレゼントをあげないことです。

去年ウケたとしても、同じモノは2つもいりません。

「ひょっとしたら、去年あげたモノを忘れているのではないか」とも思われます。

アイデアとは、「もっと何かできないか」ということです。

その「もっと」は、5倍も10倍もということではありません。

プラス1%でもいいのです。

それがアイデアを考えるということです。

サービスをする側は、お客様の飽きるスピードに遅れないようにします。

むしろ、お客様が飽きるより、少しずつ先に飽きていくようにします。

そうすれば、お客様は常に「また新しいことが始まった」と思えるのです。

お客様が飽きてから何かを始めるのではありません。

お客様が飽きる前に何かを始めると、お客様に継続して喜んでもらえます。

どんなにいいモノでも、お客様より先に自分が飽きていく姿勢が大切なのです。

仕事が面白くなる
ビジネスサプリ
29

プラス一%を考えよう。

女性脳は、正誤ではなく感情を優先する。

30

男性と女性のコミュニケーションは難しいと言われます。

同じ出来事を見ても、男性脳と女性脳とでは反応が違います。

男性脳と女性脳の価値観の違いがわかれば、異性と一緒に仕事をする時も、つきあう時もうまくいくのです。


あるＴＶ番組でイジメの問題を取り上げていました。

それに対して、男性は「よくないことだよね」と言いました。

これは普通のリアクションです。

でも、女性には通じません。

女性は「つらいよね」と言いました。

「よくないこと」というのは、善悪です。

女性は、善悪よりも、「つらい」「悲しい」という個人的な感情を優先します。

仕事でも、正しいか正しくないかよりも、うれしいかうれしくないかでとらえるのです。

善悪と感覚のどちらかが上ということではありません。


仕事の企画でA案・B案・C案があった時に、男性は「現状から考えると、A案が正しいと思います」と、善悪を優先させます。

女性は「私は個人的にはA案が好き」と言います。

こういう判断がきちんとできるように、男性脳と女性脳という構造が分かれているのです。

女性と一緒に仕事をする時には、「○○さんは、これ好き？」と聞くのが正しいのです。

この「正しい」という言い方が、そもそもすでに男性的です。

正しいか正しくないか、好きか嫌いかは、当たり前に使っている言葉です。

ただ、相手のとらえ方が違うのです。

この男性脳と女性脳の違いがわかれば、異性間のコミュニケーションは、もっとうまくいくのです。

仕事が面白くなる
ビジネスサプリ
30

異性の感じ方を取り入れよう。

待ち合わせに遅れた理由を、女性は求めていない。

31

あなたが男性として、女性との待ち合わせに遅れた時にどうするでしょうか。

ここでうまくコミュニケーションがとれたら、恋愛ではもちろん、仕事でもうまくいきます。

男性が自分1人で女性100人の職場であったとしてもうまくいきます。

ほとんどの男性が、「出がけに電話がかかってきて」とか「出がけに上司につかまって」という言い訳をします。

つい自分を肯定しようとするのです。

待っていた相手が男性なら、「そういうことってありますよね」「それなら仕方がない」と、納得します。

これは女性には通じない言い訳です。

女性は、遅れた言い訳など聞いていません。

言い訳が通じないというより、その言葉自体が通じないのです。

大切なことを忘れているからです。

それは「ゴメン」と言うことではありません。

女性脳が求めているのは、「寒くなかった?」とか「待たせてハラハラさせたね」という言葉です。

自分が遅れた理由ではなく、女性が置かれた状況に気を配ることです。

相手の遅れた理由は、なんでもいいのです。

もっと言えば、忘れていてもいいぐらいです。


女性にとっては、自分を構ってくれるかどうかが大切です。

自分の置かれている状況を心配してくれるかどうかのほうが、より大切です。

たとえば、部下の女性が提案した企画に対して、自分の上司がボツにしました。

これは組織の中ではありがちです。

その時に、「上がかたくてさあ」と言っても、部下の女性のモチベーションは下がります。

「せっかくのいい企画だから、とっておこうよ」と言ってあげることが、女性のモチベーションをキープできる方法なのです。

仕事が面白くなる
ビジネスサプリ
31

言い訳より、
相手を気づかおう。

32

女性のコミュニケーションに、結論は必要ない。

女性の部下から「お話があるのですが、今日の夜、いいですか」と言われて、一緒にごはんを食べに行きました。

女性が上司で、男性が部下という状況もあります。

男性は、つい「で、相談って何？」と言ってしまいます。

男性脳は、結論ありきです。

女性脳で大切なのは、結論ではありません。
コミュニケーションをとることです。
結論はどうでもいいのです。
むしろ結論が出ないほうがいいのが、女性脳です。
結論が出たら、その話は終わってしまうからです。
男性にとっては、コミュニケーションは結論を出すための手段です。
女性にとっては、コミュニケーションは目的です。
この違いがあるのです。
女性は、一緒にごはんを食べながら、コミュニケーションをしたいのです。
相談ごとを解決したいのではありません。

結婚している人なら、これがよくわかります。
家に帰ると、奥さんが「今日、隣の猫が子どもを産んで」とか「カラスがゴミを荒《あ》らして」という話をします。

男性からすると、どうでもいい話です。

女性にとっては、どうでもいい話をできることが、コミュニケーションがとれて一番安心できる状況なのです。

男性が「で、相談って何？」と、いきなり切り出してしまうと、女性はガッカリして寂しくなります。

コミュニケーションが手段になっているからです。

女性が話し始めた時に、男性は、つい「で、結論は何？」と迫ってしまいます。

「結論は何？」とか「まとめるとこういうことだね」と言わないようにすれば、女性とのコミュニケーションはもっと円滑になるのです。

仕事が面白くなる
ビジネスサプリ
32

結論より、
遠回りを楽しもう。

女性脳は、一度嫌いになったら修復できない、と覚悟してつきあう。

33

男性と女性がつきあう時に、男性の場合は、合う・合わないが比較的緩《ゆる》やかです。

初めて会った時に、「この人、イヤだな」「とっつきにくい」「つきあいにくい」「できればあまりかかわりたくないな」と思った相手でも、後日ひっくり返ることがあります。

一緒にごはんを食べに行ったりすると、「意外にいい人だった」と、嫌いだった人が好きになったりするのです。

恋愛においては、男性は別れた女性のことを忘れられません。

女性は、別れたら忘れます。

だから、平気で昔の恋人ともごはんが食べられるのです。

男性には、それができません。

嫌いになったからではなく、まだ引きずっているからです。

女性が昔の恋人と一緒にごはんを食べることができるのは、未練がましくないからです。

女性とつきあう場合には、1回でも信用を落とすと修復不可能という覚悟が必要です。

男性とつきあう場合は、埋め合わせはできます。

「大変申しわけないけど、今度何かで埋め合わせするから」というのは、男性ではOKです。

嫌いな人でも、仕事をしているうちに「あの人は本当はいい人なんだよね」と、許せるのです。


女性は論理で生きていません。

好きと嫌いの「嫌い」に入ってしまうと、もう修復が難しいのです。

そのかわり、女性の強さは、いったん好きになると、理屈は関係なく丸ごと好きになれることです。

女性に対しては、いかに最初に好きと思ってもらえるかが勝負です。

「嫌われても、あとで埋め合わせすればなんとかなる」という甘い気持ちでつきあわないことです。

全身全霊その人のために尽くす覚悟でつきあうことが、女性とうまくつきあうコツなのです。

仕事が面白くなる
ビジネスサプリ
33

「あとで埋め合わせ」という
油断をしない。

34

女性脳は、マニュアルを細かく決めたほうが頑張る。

空港でオーバーブッキングが発生して、「満席です」と言われることがあります。

この時、窓口にいる男性スタッフと女性スタッフのどちらに相談するかです。

2人とも一生懸命で、まじめなスタッフです。

こういう時は、男性のスタッフに相談したほうがいいのです。

一生懸命さの方向は、男性と女性とで違います。

女性の細やかさは、サービス業に向いています。

女性は職務に忠実です。

マニュアルで決められたことを、きちんとこなしたいのです。

一方、男性は「きちんとできない」という能力があります。

これも一種の能力です。

満席といっても、いろいろな裏技、抜け道、代替案があります。

そういうことは、「なあなあ」な男性のほうが得意です。

女性に「なあなあ」は通じません。


「臨機応変」「融通をきかせる」「なあなあ」は、女性脳の中にはありません。

女性に対しては、マニュアルを細かくつくったほうがいいのです。

男性に対しては、マニュアルをできるだけ少なくして、「なあなあ」の余地を残します。

どちらが一生懸命かという話ではありません。

女性は、決められたことをより忠実に守ろうとして、一生懸命頑張ります。こういう時にはこう、こういう時にはこうと、マニュアルをできるだけ細かく分類することで、女性脳は頑張れます。

それが女性にとってはストレスのないコミュニケーションのとり方なのです。

仕事が面白くなる
ビジネスサプリ
34

指示には、あやふやな余地を残さない。

見送られる側は、曲がり角で振り返る。

35

お客様を見送る側にもマナーがあります。

見送られる側にもマナーがあります。

見送る側は、見えなくなるまで見送っています。

それは見送られる側からはプレッシャーになります。

早くリラックスしたいのに、いつまでも見送られていると思うと、くつろげないのです。

連れがいたりすると、なかなか難しいのです。

「見えなくなるまで見送る」というのは、誰でもマナーとして教わります。

見送られる側にもマナーがあるのです。


接待される側のマナーは、難しいのです。


「どうぞ上座へ」と言われた時に、遠慮して上座に座らない人がいます。

それでは接待する側の人が気を使います。

「すみません、じゃ、失礼して」と、言われた上座に座ることが、接待する側が一番ほっとする形です。


見えなくなるまで見送るのは、そんなに難しいことではありません。

見送られているほうにはプレッシャーがあります。

このプレッシャーにきちんとこたえることが、マナーです。

曲がり角で、もう1回振り返って、見送っている人に挨拶します。

プレッシャーを感じるところが、その人の品格を最も発揮できるところなのです。

仕事が面白くなるビジネスサプリ 35

接待されるマナーを覚えよう。

36

料理に先に手をつけることで、食べやすくなる。

接待してもらう側の人より、接待している側の人が年上のことも多いのです。

いくら接待されているといっても、相手のほうがキャリアが上で、社会では先輩のこともあります。

一緒にごはんを食べる時に遠慮することが、一番相手に気まずい思いをさせることに気づくことが大切です。

自分が接待される側にまわったら、「接待される」という役割を演じるこ

とが相手に対する思いやりになります。

料理を出されて「お先にどうぞ」と言われた時に、なかなか手をつけない人がいます。

みんなが食べるのを待っているのです。

接待される役の人が料理に手をつけないと、ほかの人たちも手をつけられません。

料理を選ぶ時に「私は一番安いのでいいです」と言ってしまうと、ほかの人たちは困ります。

自分だけいい子になって、いくら「皆さん、どうぞ好きなものを頼んでください」と言われても、誰も頼めなくなるのです。

サッカー選手は、ボランチ、ミッドフィルダー、ディフェンスなどの役割を演じています。

自分の今日の役割を把握して、その役割をきちんと演じることで、接待する側はラクになります。

役割は常に動きます。
いつでもいい子になればいいというものではありません。
接待されるのは、居心地の悪いことです。
接待する側に、いい気分で接待してもらうことが品格につながっていくのです。

仕事が面白くなるビジネスサプリ 36

接待される役割を演じきろう。

37

交代で休みをとることで、チームワークがよくなる。

元気なチームは、全員がそろうことがありません。
ふだんの日も、必ず誰かが休みをとっているのです。
かつては、ふだんの日に休む人はほとんどいませんでした。
今は、何人かいるスタッフの1人が休みという状況が普通にあります。
休んでいる人がいるチームは、元気です。
サッカーでは、レッドカードやイエローカードで1人抜けることがあります。

ケガで抜けることもあります。

1人足りないのは不利です。

ところが、10人になったチームは強くなるのです。

抜けたところを、ほかの選手が一生懸命カバーして埋めようとするからです。


職場で誰かが休んだ時も、その穴を埋める必要が出てきます。

その人のお客様や得意先が会社に来た時に、「担当者が休んでいるので、わかりません」ということは、仕事では通用しないのです。

休みの人の穴を埋める時に、その人がどんな仕事をしていたかが、ほかの人に初めてわかります。

まったく休まないチームでは、ほかの人の仕事は永遠にわかりません。

1人がその仕事を握りしめて、情報を共有せず、ほかの人とのチームワークもとらなくなるからです。

誰かが休むことで、情報をオープンにせざるをえない状況に追い込まれるのです。


もう1つのメリットは、ほかの人の仕事を肩がわりする時に、その人が大変な仕事をしていたことが理解できることです。

これが大きいのです。

お互いにバラバラの仕事をしていると、自分が一番しんどい仕事をしているような錯覚に陥ります。

全員がお互いを思い合うことで、チーム全体が活性化していくのです。

仕事が面白くなる
ビジネスサプリ
37

交代で休むことで、
ありがたみに気づこう。

ただ「頑張れ」ではなく、何をすればよいか具体的に言う。

38

元気なチームでは使われなくて、元気のないチームではよく使われる言葉があります。

それは「頑張れ」です。

「一生懸命やれ」

「本気でやれ」

「もっとなんとかしろ」

こういうかけ声が出ているのは、元気のないチームなのです。

元気なチームでは「頑張れ」ではなく、「適当に」「ムリのない範囲で」「大体そんな感じで」と言われます。

だからといって、手を抜けと言っているわけではありません。「ムリのない範囲で」と、いつも言っていたら、チーム全体が緩んでしまいます。

部下をリラックスさせながらも元気よく働かせるためには、リーダーは部下に、何をするか具体的に伝えればいいのです。「頑張れ」「もっと本気でやれ」「死ぬ気でやれ」と言うリーダーは、具体的な指示を出しません。

具体的に何をするかをきちんと伝えられたら、「頑張れ」という言葉は言わなくてすむのです。

「頑張れ」と言われれば言われるほど、言われた側のテンションは下がります。

本当は、部下も頑張りたいのです。

部下がリーダーに言ってほしいのは、「何を頑張るか」ということです。

「頑張れ」と言われると、「頑張っているのに、頑張っているように見られていない」と、心配になるのです。

「頑張れ」は、言っても言わなくてもゼロではありません。言えば言うほどマイナスです。

それよりも、具体的に指示を出されると、部下はうれしくて仕方なくなります。

「頑張れ」と言われなくても、部下はひとりでに頑張ってしまうのです。

仕事が面白くなる
ビジネスサプリ
38

何を頑張るか、具体的に伝えよう。

問題児がチームを元気にする。

39

元気のいいチームは、問題児のいるチームです。

一見、問題児がいるとチームが弱くなるような気がします。

リーダーは、問題児が自分のチームに入ってくると、「なんでこんなヤツが来てしまったかな。もっと言うことを聞いてくれるヤツが来ればいいのにな」と、ガッカリします。

チームの活性化は、問題児がキッカケになることが多いのです。

上司と考え方・感じ方・価値観が同じで、上司の言うことをなんでも素直に聞くチームは、一見、仲良しです。

「仲良し」イコール「元気」ではありません。

リーダーが何かを言った時に、「お言葉を返すようですけれども、私はこう思います」と反論できることで、チームは活性化します。

元気は、一様ではないということです。

誰もがバラバラの考え方を持って、みんなの個性がぶつかり合うことで、チームのエネルギーを生み出していくのです。

元気は、多様性の中から生まれます。

バラバラな考えを持つ人が、1つのチームとなって新しいものを生み出す時に、初めてチームは元気になるのです。

問題児は、価値観の違う人間です。

白鳥の中に黒いアヒルが1羽まじっている状態です。

みんなに「あいつをなんとかしてくださいよ」と言われた時に、「あいつは、あれでなかなか面白いところがあるんだよ」と言えるリーダーが、ついていきたくなるリーダーです。

部下にも「リーダーはあの個性を受け入れる包容力がある」と思われます。

その瞬間、チームの1人ひとりが個性を出せるようになります。

問題児を受け入れることは、チームのみんなの元気が出るキッカケになるのです。

仕事が面白くなる
ビジネスサプリ
39

問題児を、
かわいがろう。

40

無事に終えようとするリーダーに、部下はついてこない。

「若者たちの元気がない」とか「社員の元気がない」と言うリーダーがいます。

若者たちや社員に元気がないのではありません。

リーダー自身に元気がないのです。

チームに元気がないのは、部下のせいではありません。

「元気のない部下をどうしたら元気にできますか」と言いますが、リーダー自身が元気になるしかないのです。

自分を変えようとしているリーダーのいるチームが、元気になります。

部下がリーダーを見切る瞬間は、AかBかの選択を迫られた時に無難なほうを選んだ時です。

リーダーは気づきませんが、部下は「この人は無難なほうを選ぶ人だよね」とガッカリします。

無難なほうを選ぶのは、チームの中で、自分ができるだけリスクをとりたくないからです。

「うちのリーダーは無難なほうをとる」と思われた瞬間に、そのチームから「元気」という言葉はなくなります。

無難なほうをとらないところから、元気は生まれます。

リスクをとることで、「失敗したらヤバいから、思い切ってしようう」と思うからです。

すべてを「守り」だけにすることもできます。

結局、AかBかの判断は、攻めるか守るかの選択です。

チームは、放っておいたら守りに入ります。

みんな自分で責任をとりたくないからです。

それを攻めにもっていくのが、リーダーの仕事です。

リーダー自身が部下に輪をかけて守りに入るようでは、話にならないのです。

仕事が面白くなるビジネスサプリ 40

リーダーが、先に変わろう。

41

うまくいっている話をする。

チーム内で話をする時に、リーダーは「○○が最近うまくいっていない」と、うまくいっていないことの話をついしてしまいます。

冒頭でそんな話をすると、面白いアイデアが出てこなくなります。

「うちの会社も大変だ」「うちの店も大変だ」「うちのチームも大変だ」という形で、みんなが会うと最初から大変なことの話ばかりになるのです。

自分たちが頑張っているわりには結果に結びついていないとなると、モチベーションはどんどん下がります。

リーダーには、「小さいことだけど、こういうメリットがあった」という話をしてほしいのです。

お客様から、手紙・ハガキ・メールで意見をもらうことがあります。おほめの言葉が1で、クレームが9としても、まず、おほめの言葉から取り上げて、みんなと共有します。

社員食堂の通路に、お客様からいただいたクレームを貼っている会社もあります。

リーダーとしては、みんながクレームを共有することによって、クレームの再発を防止しようというつもりです。

それでは、チームの元気は出ません。

ある会社では、おほめの言葉が書かれたサンクスレターだけを貼り出します。

そうすると、みんなの元気が出てきます。

ともすれば、よくない話が先行しがちです。数としては少なくても、うまくいっていることを、みんなで共有します。

まずは、「うまくいっていることから話す」という空気をつくることなのです。

仕事が面白くなる
ビジネスサプリ
41

おほめの言葉を、共有しよう。

42

お客様は、たくさん話した人から買う。

景気が悪くなってモノが売れない時、セールスマンは「この商品は、よそと比べて、とりたてて すばらしいところがない」と嘆いています。

今は、どこの商品もよくなっています。

ここの商品だけがいいということは、なかなかないのです。

さらに輪をかけて、モノの値段がどんどん下がっています。

赤字ギリギリいっぱいで、これ以上下げられないので、よそより安いということもなくなります。

その時に、どういう交渉をするかです。
買い手のこと考えると、この心理がわかります。
ここに交渉の一番大切なヒントが隠れているのです。

今の時代、モノの差はほとんどありません。
値段も下がりきっています。
「安ければ買う」ということに、逆にお客様は疲れきっています。
差がつくのは、「誰から買うか」ということです。
恋愛と同じで、結局、お客様はたくさん話をした人から買うのです。
商売の面白味は、「あなたから買います」と言われる喜びです。
デフレの時代になればなるほど、コミュニケーションや交渉が面白くなります。
インフレの時代は、もっといいモノが出てきて、高ければいいとか、なんでも買うという事態が起こります。

デフレの時代は、モノを売る側からすると、ある意味、地獄です。

ある意味、頑張った分だけ結果が出てくる時代です。

モノで差がつかない分、売り手のしゃべりで差がついてくるのです。


町の電器屋さんは、おじいちゃん・おばあちゃんと、日ごろからたくさん話をしています。

だからこそ、おじいちゃん・おばあちゃんは電球1個でも買ってくれます。

今の時代、ＴＶを正札で買う人はなかなかいません。

にもかかわらず、おじいちゃん・おばあちゃんは正札で買ってくれるのです。

商品力に差がない時こそ、コミュニケーションが大切なのです。

仕事が面白くなる
ビジネスサプリ
42

会話を買ってもらおう。

交渉はケンカではなく、仲良くなるためにする。

43

日本人は、「交渉」という言葉に、あまりいいイメージを持っていません。

「今日は交渉に行ってくる」と言う時は、何かケンカ腰です。

楽しくてワクワクする感じはないのです。

外国人は、交渉はサッカーのゲームのように楽しいものという感覚です。

日本人は、たとえば裁判で訴えられたら、勝ったとしても「あの人は裁判に訴えられた」と陰口をたたかれます。

「これから裁判所に行ってきます」と、公言して行く人はなかなかいません。

「交渉」イコール「ケンカ」と、とらえているのです。

この意識を変えることです。


交渉は、仲良くなるためにすることです。

交渉する中で絆が生まれるのです。


会社の会議室ですることだけが交渉ではありません。

自動販売機のそばのテーブルで、缶コーヒーを飲みながらする小さな打ち合わせも交渉です。

先輩が後輩に「こうしようと思うけど、どう思う?」と聞きました。

相手は後輩だから賛成してくれると思っていたら、「いや、僕は違うと思います」と言われます。

先輩としては、一瞬、「エッ」と思います。

反対意見を言われることで、腹を割って話せる仲間が生まれます。

反対する人と、どれだけ仲良くなれるかです。
スポーツの世界では、一番のライバルが一番の仲良しです。
「反対」イコール「ケンカ」ではありません。
反対しながら仲良くなって、交渉しながら絆を深めていけるのです。

仕事が面白くなる
ビジネスサプリ
43

交渉で、
仲良くなろう。

怒鳴ったあとは、「いい人」になる。

44

交渉ごとで難しい相手は、「冷静な人」と「怒鳴っている人」のどちらでしょうか。

クレームで怒鳴っているお客様がいると、「誰かほかの人に行ってほしいな」とか「なんで自分がこんなことで怒鳴られなければいけないの」と、つい思ってしまいます。

大丈夫です。

怒鳴っている人のほうが、交渉相手としては簡単なのです。

怒鳴ることで、中にたまっているモヤモヤ、イライラを吐き出せます。

いったん吐き出したあとは、「ちょっときつく言いすぎたかな」と、気持ちが揺り返します。

怒鳴られたとしても、「もう終わった」と考えなくてもいいのです。

「ここまで怒鳴られたら、自分は出入り禁止になるに違いない」

「二度と自分のお客様になってもらえないに違いない」

「もう絆は切れた」

と思い込みがちですが、逆です。

自信を持っていいのです。

怒鳴られたら、ガッツポーズです。

怒鳴ったあとは、必ず関係の修復が始まります。

怒鳴られながら、絆は生まれるのです。

むしろ「怒鳴られそうになったら、思い切って怒鳴ってもらう」ぐらいの覚悟でいると、余裕が生まれます。

ところが、怒鳴られた側が「もうダメだ」と勘違いしたままでいると、せっかく相手が仲直りしようとしているのに、うまく仲直りできなくなるのです。

怒鳴った側は相手の立場を考えて、いい落としどころにまとめようと思っているのです。

仕事が面白くなるビジネスサプリ 44

怒鳴られよう。

選択肢は、3つまで。

相手に選択肢を出す時に、まじめな人ほど選択肢をたくさんつくりすぎてしまいます。

選択肢が1個では選べません。

かといって、選択肢を10個も出すと、「持ち帰って考えます」と言われてしまいます。

よかれと思ってしたことが、裏目に出てしまうのです。

選択肢を出しすぎると、相手は迷うだけです。

45

女性とごはんを食べに行く時は、選択肢は2つまでにします。

両方ダメなら、また別の2つを出します。

仕事上では、選択肢はA・B・Cの3つの時が一番選びやすいのです。

AとBの2つでは、まだ選べません。

Cが入ることによって、選びやすい状況が生まれます。

交渉ごとでは相手が迷わないようにすることも、1つのサービスです。

3つともダメなら、それを全部引き上げて、また次に3つ出したほうが早くまとまる可能性が高いのです。

これが相手に対しての優しさです。


選択肢が増えるほど、相手のストレスが大きくなって、交渉はまとまら

なくなるのです。

「この人が出す選択肢には必ずいいものがまじっている」というのが、絆であり、信頼感です。

選択肢を挙げる時は、3つまでに絞ることが優しさなのです。

仕事が面白くなる
ビジネスサプリ
45

選択肢は、
3つにしよう。

46

相手が、相手の上司に話しやすくなるようにする。

交渉では、相手のうしろにいるもう1人を見ることです。
交渉でうまくいかない時は、1対1の関係になっています。

たとえば、カーディーラーの社員が、クルマを売る場合を考えます。
クルマのショールームに、ご夫婦のお客様がやって来ました。
お客様は、最初は見るだけと思っていたのに、やっぱり買いたくなります。

ここで、ご主人に向かって燃費とかアフターケアの話をいくらしても買ってもらえません。

大切なのは、ご主人が奥さんに説明できるような話をすることです。

会社との取引なら、たとえば見積りが高い理由を、交渉相手が上司に説明しやすいように話をします。

相手は納得できても、それを持って帰って社内に通すというステップがあるのです。

社内に通すためには、理屈が必要です。

その人自身がその理屈を説明できるように、わかりやすく話してあげます。

相手が「これで説明できる」とわかった時に、その交渉が「のめる」のです。

上司や社長に言うことが見えないうちは、心配になります。

相手のうしろにいる人に説明しやすい理屈を考えてあげることで、絆が生まれるのです。

仕事が面白くなる
ビジネスサプリ
46

交渉相手の味方になろう。

「では、こうしたら」を、提案し続ける。

47

交渉する時に、相手の信頼を得るためにはどうすればいいのでしょうか。
アイデアが煮詰まって、硬直状態になることがあります。
にっちもさっちもいかない状況の時は、いったん持ち帰ることになります。
いったん持ち帰ると、絆は生まれなくなるのです。

たとえば、見積りを出した時に、相手に「高いな。これでは到底ムリ」と言われました。

ここで、こちら側から「じゃ、どうしましょう」と言わないようにします。「じゃ、どうしましょう」と言われたら、相手は「ノー」としか言えません。

今はアイデアが浮かばないからです。

「また考え直そう」

「次回」

「ゆっくり考えてみよう」

「持ち帰って相談する」

というのは、すべて絆が切れた状態です。

絆を切らないためには、相手に「じゃ、どうしましょう」と言わせて、こちらから「だったら、こうしましょう」と提案します。

相手に「納期をもっと早くしてほしいんだけど」と言われました。

この時、答えが見つかってから「じゃ、こうしましょう」と言うのではなく、答えが見つからなくても、「じゃ、こうしましょう」と提案することです。

どんなに追い詰められても、ボールは常に自分から蹴《け》り出していきます。

「どうしましょう」と言った時点で、絆は切れてしまいます。

絆とは、信頼です。

「信用できる」と思ってもらえる人は、どんなに行き詰まった状況でも、「じゃ、こうしましょう」と、次から次へと繰り出せる人です。

1案がダメでも、2案、3案と出していきます。

「それでは、こうしましょう」「それでもダメなら、こうしましょう」と出し続けることで、信頼関係が生まれるのです。

仕事が面白くなる
ビジネスサプリ
47

10案目がダメなら、11案目を出そう。

相手の意見でまとまった、という印象を残す。

48

交渉ごとで大切なのは、正しいか間違っているかではありません。

自分は正しいと思って言っています。

相手も同じように正しいと思っています。

正しいほうを選ぶなら、交渉は簡単です。

大切なのは、相手が「自分の意見でこの話がまとまった」というところに落ち着けることです。

外から見たら、自分が負けて相手が勝った状況をつくるということです。

相手から出てきた意見でも、結果として自分の意見のようにもっていかれると、その意見は自分が言ったように、人間はいくらでも勘違いします。

交渉の最後のところで絆をつくることが大切です。

1回目の交渉で勝ったとしても、次の交渉がなければ、その交渉は失敗です。

たとえその交渉が決裂したとしても、次の交渉につながることで絆が生まれます。

相手に「最後は自分の意見でまとまった」と思ってもらうことが大目標です。

人間は、つい欲が出て、自分の手柄にしようとしがちです。

社内で意見を通す時も、部下があげた稟議書《りんぎしょ》でも「社長の意見でまとまりました。さすがです」というところにもっていきます。

そうすれば、社長はゴキゲンです。

これが交渉ごとの大原則です。

常に「相手の意見で通った」という結論にもっていくことで、絆が生まれて、次にまた何かを頼まれるのです。

仕事が面白くなる
ビジネスサプリ
48

負けながら、
絆をつくろう。

理屈より、熱意を伝える。

49

交渉は、最後は理屈ではなくなります。

最後は感情で決まります。

理屈では納得できるけど気持ちでは受け入れられないという時が、一番イヤな時です。

理屈では人間は動きません。

お客様に商品を買っていただいた時は、一見、理屈で動いたように見えます。

実際は、お客様が気持ちとして納得できていなければ、次がないのです。

交渉で一番してはいけないのは、次がなくなることです。

たとえ今回は決裂したとしても、一生のお客様になってもらって、一生の信頼関係が生まれることが大切です。


夫婦ゲンカでは、男性はロジックで押してしまいがちです。

夫婦ゲンカは、お客様や上司との話し方のよいトレーニングです。

その練習を奥さんがしてくれているのです。

交渉ごととして一番難しいのが、夫婦ゲンカです。

理屈で説明しようとすればするほど、奥さんに「私はそういうことを言いたいんじゃないのよ」と言われます。

ここで奥さんとの温度差が生まれます。
これがすべての交渉におけるすれ違いの原点です。
夫婦ゲンカも、社内の会議も、すれ違いは、理屈と感情のすれ違いです。
理屈を捨てて、感情をとることです。
理屈はムチャクチャでも、「やりたい」という熱意が人を動かします。
それがやがて絆につながっていくのです。

仕事が面白くなる
ビジネスサプリ
49

ロジックを超える感情を持とう。

50

「合う仕事」を探さない。仕事に自分を合わせる。

「仕事が面白くない」と言う人は、「仕事が私に合わないんです」と言っています。

「合わない」というのが口グセになって、何かをやめてしまう人たちが、世の中に多いのです。

こういう人たちは、どこかに合うものがないか、一生懸命探しています。

「どこかに自分に合うものがある」と思い込んでいるのです。

いわゆる「自分探し」という現象です。

実際は「自分探し」ではなく、「自分に合うもの探し」です。


合う仕事は、世の中に1つもないのです。

ここからがスタートです。

夢も希望もないような話ですが、「合う仕事がない」と思うと、なんでも合わせられます。

ヘンな期待をしないからです。

合う仕事を探すのではなく、自分が仕事にどう合わせていくかです。


合わせ方を覚えると、仕事は面白くなります。

たとえば、草野球でバッターボックスに入りました。

ツーアウト満塁で、3球見逃しの三振です。

「なんで振らないの」と聞いた時に「自分の待っていた球が来なかったから」と言う人は、次に野球に呼んでもらえなくなります。

自分の守備位置から少しそれて飛んでいった球を捕らない人もいます。

「待っていたところに球が来なかったから」と言うのです。

打つのがうまい人は、来た球に自分を合わせます。

守備がうまい人は、転がってきた球に自分を合わせます。

これが野球の面白さです。

「合わない」と言っていると、いつまでたっても合う仕事にめぐり合えません。

最初に「合う仕事は世の中に1つもない」と見切りをつければ、世の中にあるどんな仕事でも合わせられるのです。

仕事が面白くなる
ビジネスサプリ
50

仕事に、
自分を合わせよう。

相手の期待以上の工夫をすると、面白くなる。

51

仕事を面白がるには、ハードルを上げればいいのです。

ハードルを下げると、仕事はどんどん面白くなくなります。


ジムへ行くと、上げられない重さのバーベルがあります。

軽くすれば、いくらでも上げられます。

それでもしんどいと、また軽くします。

ハードルがどんどん下がっていって、なんのためにしているのかわからなくなるのです。

しんどいところに、いかにハードルを上げていくかです。

仕事の場合は、常にお客様と上司というハードルがあります。

いかに上司やお客様の期待を上まわるかということを工夫していくと、仕事は面白くなっていくのです。

言われたことより手を抜こうとし始めると、どんどん面白くなくなります。

一見どちらでもいいことに自分のこだわりを入れることで、期待以上のことができるようになります。

そこで初めて自分自身のこだわりから、工夫が生まれて、仕事が面白くなります。

期待されていない工夫を、いかにできるかということなのです。

仕事が面白くなるビジネスサプリ

51

どちらでもいいことに、こだわろう。

1人との出会いに100億円の価値がある。

52

アメリカのベンチャービジネスでは、大学生が社長になって、いきなり上場して、大金持ちになっています。

彼らは自分勝手に仕事をしているわけではありません。

チャンスをつかむ人は、出会いを大切にしているのです。

日本人のほうが、アメリカ人よりはるかにチームワークで仕事をしているように見えます。

アメリカの最先端のベンチャービジネスなど、**自由に生きている若者た**

ちのほうが、はるかに人との出会いにお金をかけています。

プレゼンテーションにあれだけお金をかけるのは、プレゼンテーション自体が目的ではありません。

プレゼンテーションをすることによって、人と人とが出会えるからです。

仕事の面白さは出会いにあります。

出会うために仕事があるのであって、仕事をするために出会うのではないのです。

仕事をして儲けは出なくても、最終的にはボツになっても、その仕事をしていなければ出会えなかったような人との出会いがあります。

そういうことが面白いのです。

うまくいくかいかないかは二の次です。
結果として形にならなくても、大切な出会いはあります。
うまくいってしまうと、逆に出会いは薄れます。
「失敗してもいいいんだけど、成功しちゃった」という感覚です。
成功より、もっと大きい価値は人と出会うということです。
それこそ100億円の価値があるものなのです。

仕事が面白くなる
ビジネスサプリ
52

お金より、
出会いを大切にしよう。

「すべきこと」より、「しなくていいこと」を伝える。

53

上司は自分の仕事を勘違いしているところがあります。

「あれもやれ、これもやれ」と言うのが上司の仕事だと思い込んでいるのです。

部下に「これはどうしましょう」と聞かれた時に、上司は「やれ」と言います。

「昨日頼まれたこれはどうしましょう」と聞かれた時も、「それももちろんやれ」と言います。

上司が1つ「やれ」と言うたびに、部下はしなければならないことが無限に増えていくのです。

たとえば、上司からAとBの2つを頼まれました。

部下は「Aはやらなくていいかな。そのかわりBを一生懸命しよう」という判断はできないし、してはいけないのです。

唯一、仕事のプライオリティーをつけられるのが上司です。

部下が「この人のためなら」とついていきたくなるのは、「あれもやれ」「全部大切」「一生懸命頑張れ」と言う上司ではありません。

「Aはやらなくていい。そのかわりBにこだわろう」ということを、きちんと言ってくれる上司です。

これで部下はラクになります。

ラクになるといっても、サボるわけではありません。

Bが一番大切ならば、Bを一生懸命するのです。

もちろん、すべてのことが大切です。

ただし、優先順位はその時々によって変わります。

お店や会社がこれからどこへ向かおうとしているか、今がどういう時期なのか、今の外部環境はどうなっているかによって、すべて変わってきます。

「しなくていいこと」を決められるのは上司だけです。

こだわるところを選んで、こだわらなくていいところをきちんと部下に言える上司が、部下がついていきたくなる上司なのです。

仕事が面白くなる
ビジネスサプリ
53

2番目に大切なことを
切り捨てよう。

お客様より、スタッフを大切にする。

54

お客様からクレームをいただいた時に、リーダーは担当者に事情を聞きます。

ついしてしまいがちなのは、「ダメじゃないか」と、頭ごなしに叱ることです。

クレームのお客様が目の前に来ている状況では、担当者からいろいろ事情を聞いているヒマはありません。

ここで上司としてどうするかです。

お客様を育てるのは時間がかかります。

それ以上に大変なのは、部下を育てることです。

上司としては、もちろん、お客様に「大変申しわけないことをしました」と謝ります。

そのあとに「でも、私は部下を信じています」と言って、お客様と部下の言い分が違う時、最終的に部下を信じてあげられるかどうかです。

これがなかなかできないのです。

部下には給料を払っているので、お金は出ていきます。

お客様は、お金を持ってきて、売上げを立ててくれます。

どうしても部下よりお客様が正しいと思いたくなるのです。

上司は「部下のためなら、お客様を捨ててもいい」という覚悟を持つことです。

部下をとるか、お客様をとるかという局面は、必ず出てきます。

その時は、迷わず、お客様より部下をとります。

お客様が怒って、二度と来なくなってもいいのです。

部下が残ることで、将来、その部下が新しいお客様を開拓してくれます。

お客様を大切にするあまり、部下をなくしてはいけないのです。

仕事が面白くなる
ビジネスサプリ
54

何があっても、
部下を守ろう。

55

売上げになっても、スタッフが気乗りしないことはやめる。

「この人のためなら」と、尊敬を集めたいのか、それとも売上げを上げたいのかです。

これが上司が選択に迷う2つのテーマです。

ここには短期的な目標と中期的な目標があります。

売上げになることでも、スタッフがあまりやりたくない仕事があるのです。

あまり利益につながらない仕事なら、上司は簡単に「やめよう」と言えます。

たとえ売上げになる仕事でも、現場の担当者があまり乗り気でないことはやめたほうがいいのです。

「やめておこう」と言った時に、その仕事の改善点に初めて気づきます。

それはそれでプラスになります。

部下のストレスを取り除くことで、結果として、ほかの仕事で利益が上がるということもあります。

何よりも大きいのは、「利益のためにムリヤリさせる上司ではない」とわかることです。

仕事を1つやめるのは、上司としては勇気がいります。

部下が「この人のためなら」と思えるのは、結局は上司の勇気です。

部下は、最終的に「売上げが大切なのか、自分が大切なのか」と考えるのです。

売上げと両てんびんにかけられた時点で、部下は「売上げと、○○という名前のある自分という人間を比較されている」とガッカリするのです。

仕事が面白くなる
ビジネスサプリ
55

部下が乗らないことは、
やめよう。

56

クレーム対応に、上司が出ていく。

クレームを言うお客様は、大体「責任者を出せ」と言います。
「責任者を出せ」と言われた時に、現場のスタッフは、かなり迷います。
迷いあぐねた末に、部下は上司に報告に行きます。
その時に、上司の対応は、
①「おまえがなんとかしろ」と言って、部下に責任をとらせる
②「すぐ行こう」と言って、自分が出ていく
という2通りに分かれます。

「自分が行ったら、お金の問題が発生する」と逃げる口実はいくらでもあります。

部下に「この人のためなら」と思ってもらえる上司は、クレームのお客様に「責任者を出せ」と言われる前に出ていける上司です。


誰しもトラブルからは逃げたいのです。

上司が真っ先にトラブルに飛び込んでくれたら、部下も逃げることなく、ますます頑張ろうと思えます。

「僕は手いっぱいだから、君がやっといて」と、こんな時になって突然「任せた」と言って逃げる上司もいます。

この時、部下は「ズルい」「上司は逃げた」と感じます。

これが一番信用をなくすのです。

上司は逃げ切ったと思っていますが、まったく逃げ切っていません。

お客様に怒られるより、部下から「うちの上司は、いざという時に逃げる」と思われるほうが、はるかに痛いのです。

部下の信頼ほど大きな財産はありません。

お客様にさんざん怒鳴られて、そのお客様が二度と来なくなってもいいのです。

そんなややこしいお客様にも突進していった上司を、部下は見ています。

クレームは、上司の最大の見せ場なのです。

仕事が面白くなるビジネスサプリ 56

部下の信頼をなくさない。

チームの中に、キャプテンをつくる。

57

部下と上司は1対1とは限りません。
上司1人に、野球なら9人、サッカーなら11人の部下がいます。
部下が何百人もいるチームもあれば、2〜3人というところもあります。
現場のスタッフは、上司からは話を聞きにくいのです。
上司は、現場で言うと、監督です。
たとえば、ディズニーランドは先輩が後輩に教える流れができ上がっています。

インストラクターが教えるわけではありません。

ディズニーランドは、1万8000人のアルバイトのうち、半分の9000人が毎年入れ替わります。

それでも、すばらしいサービスができるのです。


部下が数名いる時は、まず、その中でキャプテンを育てます。

上司が監督とすると、「監督」→「キャプテン」→「現場」という流れをつくるのです。

キャプテンは監督の代理です。

キャプテンと監督は一体化しています。

「監督」と「選手」という形になると、常に対立した関係になってしまいます。


現場の人間はキャプテンを尊敬します。

キャプテンは監督を尊敬します。
これが「尊敬のリレー」です。

全員を上司とフラットな形にするよりも、まずはキャプテンを育てたほうが尊敬のリレーはうまくいきます。

上司は、これがなかなかできません。

キャプテンをつくると、現場の人間がキャプテンを自分より上に感じ始めるのが怖いからです。

「全員対等に扱う」というきれいな言い方でキャプテンをつくらない上司は、結果として、みんながついていきたくなる上司にはなれないのです。

仕事が面白くなる
ビジネスサプリ
57

キャプテンを育てよう。

58

実力よりも上の役職につけて育てる。

1つの仕事を部下に任せる時に、「少し荷が重い仕事」「ちょうどいい仕事」「ラクラクできる仕事」というふうに、持たせるバーベルの重さは3通りあります。

部下がついていこうと思うのは、その部下にはやや荷が重い仕事を渡してくれる上司です。

立場が人間をつくります。

まじめで一生懸命な上司は、悪くはありません。

そういう上司であればあるほど、「君にはまだ早い。もっと勉強して実力をつけてから責任者の仕事を任せる」と言いがちです。

それをしていると、尊敬されません。

部下も育ちません。

部下が育つことで、「あの上司についていけば、自分を育ててくれる」と思ってもらえるのです。

「もういける。これぐらいやらなければダメだ」と責任のある仕事を任せることで、部下は成長します。

立場を通して、成長するのです。

「今の実力以上の役職につけることは、部下を甘やかすことになる」という勘違いをしている上司の下では、部下が育ちません。
結果として、「あの人の下にいても育たない」と思われます。
部下は、役職を目指して仕事をしているわけではありません。
責任のある仕事を任せてもらうことが、モチベーションの上がる報酬です。
部下はその上司に恩義を感じて、期待にこたえようと頑張るのです。

仕事が面白くなる
ビジネスサプリ
58

仕事より、
立場を与えよう。

部下を育てるのではなく、リーダーを育てる。

上司が部下を育てる時は、「部下を育てている」という意識で育てています。

部下は「部下として育てられている」という意識はないのです。

部下は、いつか自分もリーダーになりたいと思っています。

だから、モチベーションが上がるのです。

部下は「いつか自分も一流の部下になりたい」とは思っていません。

59

今はたまたまこの状況で、まだキャリアも浅いので部下をしているだけです。

「いつか自分も優秀な部下になりたい」と思っている人間は、結局、リーダーにはなれないのです。

上司が「この人のためなら」と思われたいのは、全員からではなく、優秀な部下からです。

優秀な部下は「早く自分がリーダーとしてチームを率いていきたい」と思っています。

上司のほうには「いつか一流の部下にしてやる」という勘違いがあるのです。

尊敬を集められる上司、部下から「あの人についていきたい」と思われる上司は、「いつか君をすぐれたリーダーにする」と言ってくれる上司です。

私も、中谷塾の塾生をすぐれた塾生に育てようとは思っていません。

みんなが塾長になれるように育てています。

生徒の意識では終わらせないのです。

サービスの研修でも、私はすぐれたサービスマンを育てようとは思っていません。

すぐれたサービスマンを育てられるリーダーになるほうが、志は高いのです。

上司と部下は、成長を軸につながっています。

そこに初めて尊敬の念が生まれます。

「すぐれた部下に育てる」場合と「すぐれたリーダーに育てる」場合とでは、日々の1つひとつの教え方が変わるのです。

仕事が面白くなる
ビジネスサプリ
59

部下がリーダーに育つように、
接しよう。

epilogue

テクニックを変えるより、意識を変える。

部下は自分を成長させてくれる上司を尊敬します。
何を与えてくれる上司を尊敬するのかです。
ベースラインは、給料を上げてくれる上司です。
給料は景気次第です。
景気がいい時は上げられます。
景気が悪い時は、下げざるをえないこともあります。

60

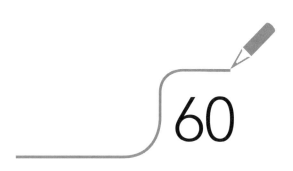

給料の次はテクニックです。

このレベルでも、まだ足りません。

技術を教えてもらい、手に職をつければ、どこへ行っても食べられるようになります。

結果として、食べていくためだけになります。

教わって一人前になったら、その上司から離れていきます。

これは尊敬にはならないのです。

たとえば、クルマの教習所の教官を一生尊敬することはありません。

教習所に通っている時は、合格のハンコをくれる人がいい教官で、「もう1回」と言う人はイヤな教官だと思っていました。

ところが、何年かたつと、いい教官もイヤな教官も、両方忘れてしまいます。

それはテクニックを基準にしたつながり方だからです。

会社には、もっといいつながり方があります。

それは、意識を変えてくれるつながり方です。

部下は、テクニックを教えてくれた上司よりも、意識を変えてくれた上司に「この人に一生ついていこう」と思います。

テクニックを教わるより、意識を変えることで、人生は変われるのです。

仕事が面白くなる
ビジネスサプリ
60

知識を与えるより、
意識を変えよう。

『お客様のファンになろう』
『なぜあの人は問題解決がうまいのか』
『しびれるサービス』
『大人のスピード説得術』
『お客様に学ぶサービス勉強法』
『大人のスピード仕事術』
『スピード人脈術』
『スピードサービス』
『スピード成功の方程式』
『スピードリーダーシップ』
『出会いにひとつのムダもない』
『お客様がお客様を連れて来る』
『お客様にしなければならない50のこと』
『30代でしなければならない50のこと』
『20代でしなければならない50のこと』
『なぜあの人は気がきくのか』
『なぜあの人はお客さんに好かれるのか』
『なぜあの人は時間を創り出せるのか』
『なぜあの人は運が強いのか』
『なぜあの人はプレッシャーに強いのか』

【ファーストプレス】

『「超一流」の会話術』
『「超一流」の分析力』
『「超一流」の構想術』
『「超一流」の整理術』
『「超一流」の時間術』
『「超一流」の行動術』
『「超一流」の勉強法』
『「超一流」の仕事術』

【PHP研究所】

『もう一度会いたくなる人の聞く力』
『【図解】仕事ができる人の時間の使い方』
『仕事の極め方』
『【図解】「できる人」のスピード整理術』
『【図解】「できる人」の時間活用ノート』

【PHP文庫】

『入社3年目までに勝負がつく77の法則』

＜ビジネス＞

【ダイヤモンド社】

『50代でしなければならない55のこと』
『なぜあの人の話は楽しいのか』
『なぜあの人はすぐやるのか』
『なぜあの人の話に納得してしまうのか[新版]』
『なぜあの人は勉強が続くのか』
『なぜあの人は仕事ができるのか』
『なぜあの人は整理がうまいのか』
『なぜあの人はいつもやる気があるのか』
『なぜあのリーダーに人はついていくのか』
『なぜあの人は人前で話すのがうまいのか』
『プラス1%の企画力』
『こんな上司に叱られたい。』
『フォローの達人』
『女性に尊敬されるリーダーが、成功する。』
『就活時代しなければならない50のこと』
『お客様を育てるサービス』
『あの人の下なら、「やる気」が出る。』
『なくてはならない人になる』
『人のために何ができるか』
『キャパのある人が、成功する。』
『時間をプレゼントする人が、成功する。』
『ターニングポイントに立つ君に』
『空気を読める人が、成功する。』
『整理力を高める50の方法』
『迷いを断ち切る50の方法』
『初対面で好かれる60の話し方』
『運が開ける接客術』
『バランス力のある人が、成功する。』
『逆転力を高める50の方法』
『最初の3年その他大勢から抜け出す50の方法』
『ドタン場に強くなる50の方法』
『アイデアが止まらなくなる50の方法』
『メンタル力で逆転する50の方法』
『自分力を高めるヒント』
『なぜあの人はストレスに強いのか』
『スピード問題解決』
『スピード危機管理』
『一流の勉強術』
『スピード意識改革』

『仕事は、最高に楽しい。』　（第三文明社）
『反射力』　（日本経済新聞出版社）
『伝説のホストに学ぶ82の成功法則』　（総合法令出版）
『リーダーの条件』　（ぜんにち出版）
『転職先はわたしの会社』（サンクチュアリ出版）
『あと「ひとこと」の英会話』　（DHC）

<恋愛論・人生論>

【ダイヤモンド社】

『なぜあの人は感情的にならないのか』
『なぜあの人は逆境に強いのか』
『25歳までにしなければならない59のこと』
『大人のマナー』
『あなたが「あなた」を超えるとき』
『中谷彰宏金言集』
『「キレない力」を作る50の方法』
『30代で出会わなければならない50人』
『20代で出会わなければならない50人』
『あせらず、止まらず、退かず。』
『明日がワクワクする50の方法』
『なぜあの人は10歳若く見えるのか』
『成功体質になる50の方法』
『運のいい人に好かれる50の方法』
『本番力を高める57の方法』
『運が開ける勉強法』
『ラスト3分に強くなる50の方法』
『答えは、自分の中にある。』
『思い出した夢は、実現する。』
『面白くなければカッコよくない』
『たった一言で生まれ変わる』
『スピード自己実現』
『スピード開運術』
『20代自分らしく生きる45の方法』
『大人になる前にしなければならない50のこと』
『会社で教えてくれない50のこと』
『大学時代しなければならない50のこと』
『あなたに起こることはすべて正しい』

【オータパブリケイションズ】

『レストラン王になろう2』
『改革王になろう』
『サービス王になろう2』
『サービス刑事』

【あさ出版】

『気まずくならない雑談力』
『人を動かす伝え方』
『なぜあの人は会話がつづくのか』

【学研プラス】

『セクシーな人は、うまくいく。』
文庫『片づけられる人は、うまくいく。』
『なぜ あの人は2時間早く帰れるのか』
『チャンスをつかむプレゼン塾』
文庫『怒らない人は、うまくいく。』
『迷わない人は、うまくいく。』
文庫『すぐやる人は、うまくいく。』
『シンプルな人は、うまくいく。』
『見た目を磨く人は、うまくいく。』
『決断できる人は、うまくいく。』
『会話力のある人は、うまくいく。』
『片づけられる人は、うまくいく。』
『怒らない人は、うまくいく。』
『ブレない人は、うまくいく。』
『かわいがられる人は、うまくいく。』
『すぐやる人は、うまくいく。』

【リベラル社】

『問題解決のコツ』
『リーダーの技術』

『歩くスピードを上げると、頭の回転は速くなる。』　（大和出版）
『結果を出す人の話し方』　（水王舎）
『一流のナンバー2』　（毎日新聞出版）
『なぜ、あの人は「本番」に強いのか』（ぱる出版）
『「お金持ち」の時間術』　（二見書房・二見レインボー文庫）

【あさ出版】

『なぜ あの人はいつも若いのか。』
『孤独が人生を豊かにする』
『「いつまでもクヨクヨしたくない」とき読む本』
『「イライラしてるな」と思ったとき読む本』

【きずな出版】

『悩まない人の63の習慣』
『いい女は「涙を背に流し、微笑みを抱く男」とつきあう。』
『ファーストクラスに乗る人の自己投資』
『いい女は「紳士」とつきあう。』
『ファーストクラスに乗る人の発想』
『いい女は「言いなりになりたい男」とつきあう。』
『ファーストクラスに乗る人の人間関係』
『いい女は「変身させてくれる男」とつきあう。』
『ファーストクラスに乗る人の人脈』
『ファーストクラスに乗る人のお金2』
『ファーストクラスに乗る人の仕事』
『ファーストクラスに乗る人の教育』
『ファーストクラスに乗る人の勉強』
『ファーストクラスに乗る人のお金』
『ファーストクラスに乗る人のノート』
『ギリギリセーーフ』

【ぱる出版】

『察する人、間の悪い人。』
『選ばれる人、選ばれない人。』
『一流のウソは、人を幸せにする。』
『セクシーな男、男前な女。』
『運のある人、運のない人』
『器の大きい人、器の小さい人』
『品のある人、品のない人』

【リベラル社】

『チャンスをつかむ 超会話術』
『自分を変える 超時間術』
『一流の話し方』
『一流のお金の生み出し方』
『一流の思考の作り方』
『一流の時間の使い方』

【PHP研究所】

『メンタルが強くなる60のルーティン』
『なぜランチタイムに本を読む人は、成功するのか。』
『中学時代にガンバれる40の言葉』
『中学時代がハッピーになる30のこと』
『14歳からの人生哲学』
『受験生すぐにできる50のこと』
『高校受験すぐにできる40のこと』
『ほんのささいなことに、恋の幸せがある。』
『高校時代にしておく50のこと』
『中学時代にしておく50のこと』

【PHP文庫】

『もう一度会いたくなる人の話し方』
『お金持ちは、お札の向きがそろっている。』
『たった3分で愛される人になる』
『自分で考える人が成功する』
『大学時代しなければならない50のこと』

【だいわ文庫】

『美人は、片づけから。』
『いい女の話し方』
『「つらいな」と思ったとき読む本』
『27歳からのいい女養成講座』
『なぜか「HAPPY」な女性の習慣』
『なぜか「美人」に見える女性の習慣』
『いい女の教科書』
『いい女恋愛塾』
『やさしいだけの男と、別れよう。』
『「女を楽しませる」ことが男の最高の仕事。』
『いい女練習帳』
『男は女で修行する。』

【学研プラス】

『美人力』(ハンディ版)
『嫌いな自分は、捨てなくていい。』

【阪急コミュニケーションズ】

『いい男をつかまえる恋愛会話力』
『サクセス&ハッピーになる50の方法』

『ほめた自分がハッピーになる「止まらなくなる、ほめ力」』（パブラボ）
『なぜかモテる人がしている42のこと』
（イースト・プレス　文庫ぎんが堂）
『「ひと言」力。』（パブラボ）
『人は誰でも講師になれる』
（日本経済新聞出版社）
『会社で自由に生きる法』
（日本経済新聞出版社）
『全力で、1ミリ進もう。』（文芸社文庫）
『「気がきくね」と言われる人のシンプルな法則』
（総合法令出版）
『なぜあの人は強いのか』（講談社+α文庫）
『3分で幸せになる「小さな魔法」』（マキノ出版）
『大人になってからもう一度受けたい コミュニケーションの授業』
（アクセス・パブリッシング）
『運とチャンスは「アウェイ」にある』
（ファーストプレス）
『大人の教科書』（きこ書房）
『モテるオヤジの作法2』（ぜんにち出版）
『かわいげのある女』（ぜんにち出版）
『壁に当たるのは気モチイイ　人生もエッチも』
（サンクチュアリ出版）
『ハートフルセックス』【新書】
（KKロングセラーズ）
書画集『会う人みんな神さま』（DHC）
ポストカード『会う人みんな神さま』（DHC）

【秀和システム】

『楽しく食べる人は、一流になる。』
『一流の人は、○○しない。』
『ホテルで朝食を食べる人は、うまくいく。』
『なぜいい女は「大人の男」とつきあうのか。』
『服を変えると、人生が変わる。』

【日本実業出版社】

『出会いに恵まれる女性がしている63のこと』
『凛とした女性がしている63のこと』
『一流の人が言わない50のこと』
『一流の男　一流の風格』

【主婦の友社】

『あの人はなぜ恋人と長続きするのか』
『あの人はなぜ恋人とめぐりあえるのか』
『輝く女性に贈る 中谷彰宏の運がよくなる言葉』
『輝く女性に贈る 中谷彰宏の魔法の言葉』

【水王舎】

『「人脈」を「お金」にかえる勉強』
『「学び」を「お金」にかえる勉強』

【毎日新聞出版】

『あなたのまわりに「いいこと」が起きる70の言葉』
『なぜあの人は心が折れないのか』

【面接の達人】

『面接の達人　バイブル版』（ダイヤモンド社）

『好かれる人が無意識にしている気の使い方』
（すばる舎リンケージ）
『一流のストレス』（海竜社）
『一流の準備力』（大和出版）
『成功する人は、教わり方が違う。』
（河出書房新社）
『一歩踏み出す5つの考え方』
（ベストセラーズ）
『一流の人のさりげない気づかい』
（ベストセラーズ）
『名前を聞く前に、キスをしよう。』
（ミライカナイブックス）

「本の感想など、どんなことでも、
あなたからのお手紙をお待ちしています。
僕は、本気で読みます。」　中谷彰宏

送り先
〒381-2206
長野市青木島町綱島490-1　しなのき書房内
リンデン舎　編集部気付　中谷彰宏行
※食品、現金、切手などの同封は、ご遠慮ください。（編集部）

中谷彰宏は、盲導犬育成事業に賛同し、この本の印税の一部を（公財）日本盲導犬協会に寄付しています。

速いミスは、許される。

仕事が面白くなる60の「小さな工夫」

2017年11月25日　初版発行

著者　中谷彰宏

企画　信越放送株式会社
企画進行　横田秀太
デザイン　平林美穂（heirindo design）
編集協力　オフィスえむ

発行者　林 佳孝
発行所　リンデン舎
〒381-2206
長野県長野市青木島町綱島490-1
TEL：026-213-4013　FAX：026-284-7779
発売元　サンクチュアリ出版
〒151-0051
東京都渋谷区千駄ヶ谷2-38-1
TEL：03-5775-5192　FAX：03-5775-5193
http://www.sanctuarybooks.jp/
印刷・製本　大日本法令印刷株式会社

cover image : Jacek Chabraszewski/Shutterstock.com

ISBN　978-4-86113-394-7